Otto Beneke
Der große Neumarkt in Hamburg

AF139032

SEVERUS Verlag

Beneke, Otto: Der große Neumarkt in Hamburg. Hamburger Regional-
geschichte vom 14. bis zum 19. Jahrhundert. 2019
Neuauflage der Ausgabe von 1873
ISBN: 978-3-96345-078-5

Korrektorat: Carmen Oberlechner
Satz: Carmen Oberlechner

Umschlaggestaltung: Annelie Lamers, SEVERUS Verlag
Umschlagmotiv: https://de.wikipedia.org/wiki/Datei:Jmdavid_ham-
burg.jpg

Bibliografische Information der Deutschen Nationalbibliothek: Die
Deutsche Nationalbibliothek verzeichnet diese Publikation in der
Deutschen Nationalbibliografie; detaillierte bibliografische Daten
sind im Internet über https://dnb.de abrufbar.

Der SEVERUS Verlag ist ein Imprint der Bedey & Thoms Media GmbH,
Hermannstal 119k, 22119 Hamburg

SEVERUS Verlag, 2019
http://www.severus-verlag.de
Gedruckt in Deutschland

Otto Beneke

Der große Neumarkt in Hamburg

Hamburger Regionalgeschichte vom 14. bis zum 19. Jahrhundert

Inhalt

Um mehrfach geäußerten Wünschen zu entsprechen, erscheint der nachfolgende, zuerst im Feuilleton des Hamburgischen Correspondenten Nr. 91 bis Nr. 95 abgedruckte Aufsatz mit einigen kleinen Zusätzen und Ergänzungen nunmehr in der vorliegenden Form.

Hamburg im Mai 1873.

I.

Die Zeitungsnachricht, dass nächstens die alten Häuser der N o r d s e i t e   d e s   g r o ß e n   N e u - m a r k t s abgebrochen werden sollen, um Raum zu gewinnen für ein Theatergebäude, lenkt unwillkürlich den Blick auf diesen Punkt unserer Stadt und mit einer regeren Teilnahme als zuvor betrachtet man die kondemnierten Häuser, die in ihrer anspruchslosen Zurückgezogenheit vielleicht deshalb so stark in sich versunken erscheinen, weil sie bereits eine Ahnung des bevorstehenden Geschickes durchzittert. – Nur etwas länger als 200 Jahre existiert dieser Platz als Hauptmarkt der gleichaltrigen Neustadt und wohl ungefähr ebenso lange die Mehrzahl seiner älteren Häuser, namentlich auf der Nordseite. Aber Platz wie Gebäude haben ihre wechselvolle Geschichte hinter sich und alles, was das Erdenleben mit sich bringt, hat sich auch hier zugetragen, Gutes wie Böses, Freude und Leid, in Friedens- und Kriegszeiten, im lebendigen, überlauten Marktverkehr wie in stiller Sabbatsruhe. Hiervon jedoch zu berichten, würde zu weit führen. Aber ein paar Notizen aus der äußeren Geschichte des Platzes, über seine Entstehung und Gestaltung, seine vormalige Bedeutung und Erscheinung zu vernehmen, das mag vielleicht den Bewohnern jener Gegend, und außer ihnen auch solchen Hamburgern nicht unwillkommen sein, die sich für die vergangenen Tage der Vaterstadt interessieren.

Wenig wissen wir über diese Gegend aus jenen grauen Zeiten, als das alte Millerntor noch zwischen dem Neuen

Wall und der jetzigen Admiralitätsstraße lag, als man, vor das Tor tretend, den Steinweg, diese alte steile, schon 1353 gepflasterte Landstraße hinaufsah, die über den Hamburger Berg gen Ottensen führte, ehe noch Altona davor sich aufpflanzte; als das ganze große Terrain noch nicht einmal vorstädtisch bebaut, vielmehr Waldboden oder offenes Feld- und Gartenland war, mit vereinzelten Ansiedelungen. Nur über einzelne Punkte dieses Distrikts sind uns Kunden zugekommen, sagenhafte, über jenen klaren Born oder Teich, in welchem der heilige Wilhadus oftmals Heiden getauft haben soll, worauf später das reine Gewässer durch ruchlose Frevel entweiht, zum trüben Pfuhl und aus dem Wilhadus-Born ein Pilatus-Pool geworden; auch beglaubigte Kunden über das Eichholz mit seinen Reeperbahnen, über die Ziegelhütten am Tegelfelde usw. Weiter hinaus mag das unverbürgte „lütte Rümeken" zu suchen sein, das die klugen Hamburgerinnen dem Holsteinischen Landesherren abgelistet. – Einen großen Teil des waldfreien Bodens besaß vor langen Zeiten eigentümlich das Domkapitel, welches ansehnliche Strecken dem Hospital zum heiligen Geiste überließ gegen eine jährliche Rente von 3 Wispel Roggen und 4 Mark, 8 Schillinge an sog. Kreuzpfennigen. Das Hospital trieb damals landwirtschaftliche Ökonomie, baute mit eigenen Knechten und Mägden auf diesem Gefilde das Brotkorn für seine Pfleglinge und schüttete es auf in Speicher und Scheune. Zur Erntezeit, – so berichtet eine alte Chronik, – gings gar munter zu auf diesen Feldern. Die Schnitter hatten vollauf Speis und Trank und abends ließ das Hospital sie allemal heimholen durch den Turmtüter und Pfeiffer von St. Nicolai, der flautete und schalmeite lustig voran vor dem Zuge und empfing dafür eine sattsame Belohnung. Solche idyllische Festzüge passierten im Altertum auch die Stätte, welche der heutige große Neumarkt einnimmt, an dessen

Grenzen vielleicht des Hospitals stattliche Kuhherde weidete mit ihrem Bullen, welcher die Würde eines Stadtbullen bekleidete. Denn das Hospital hatte dessen Haltung übernommen und empfing dafür eine billige Vergütung aus dem öffentlichen Säckel, laut Kämmereiinventar v. J. 1563: „dem hilligen Geesthuse 2 Tal. vor der Stadt Bullen tho holdende." – Später gab das Hospital die eigene Bewirtschaftung dieser Ländereien auf und verpachtete sie an 8–9 Bürger gegen eine jährliche Rente von 240 ½ Scheffel Roggen oder etwas über 26 Wispel. Das ging so fort, während rechts und links und zumal in der Nähe der Stadt immer mehr Gemüse- und Lustgärten, auch Wohnungen betriebsamer Schutzbürger entstanden, sodass vor dem Millern- und Schaartor eine rüstig aufstrebende vorstädtische Bevölkerung erwuchs, die es wohl verdiente, dass man sie und den ganzen Distrikt in die volle städtische Sicherheit einschloss, als der 30jährige Krieg begann und Hamburg zu großartigen Festungsbauten veranlasste. In Ausführung derselben durchschnitten nun die neuen Gräben und Wälle einen großen Teil der Felder des heil. Geist Hospitals. Die Stadt erwarb daher das ganze Terrain, dessen draußen verbliebenes Stück unter dem Namen des heil. Geistfeldes verpachtet wurde, während man das innerhalb der Wälle gelegene Areal zu Bauplätzen bestimmte, mit Gassen durchzog und parzellenweise allmählich verkaufte.

Ohne die Geschichte des Ausbaues unserer Neustadt zu verfolgen, wenden wir unseren Blick auf deren Hauptplatz, der selbstredend die Benennung N e u m a r k t erhielt und daneben das Prädikat groß, zur Unterscheidung von dem viel kleineren Forum der ehemaligen Neustadt, dem Hopfenmarkte. – Während seine südliche, westliche und östliche Seite (wo an der Ecke des alten Steinwegs die älteste Apotheke der Neustadt lag) zwischen 1620 und 1650 größtenteils mit Häusern besetzt war, blieb noch mehrere

Jahre die Nordseite unbebaut. Hier soll nämlich vormals ein zur Pferdetränke benutzter kleiner Teich gewesen sein, genannt der T i e l b e c k , dessen Abfluss seitwärts (etwa in der Richtung der jetzigen Wexstraße) den Abhang hinunter in die Niederung gegangen sein mag. Dahinter lag der vormalige Begräbnisplatz der St. Nicolai-Kirche für die Pestleichen von 1564, der seit 1625 nach dem Bürgerkapitän Marcus Meyer M a r c u s p l a t z genannt, dennoch nur sehr dämmerhaft seinen Namen auf die Nachwelt gebracht hat, indem die dort entstandenen Gassen beharrlich M a r k t straßen genannt werden, obgleich die Hypothekenbücher sie richtig M a r c u s straßen nennen (s. Hamb. Geschichten und Sagen S. 280).

Das längliche T i e l b e c k v i e r e c k blieb also manche Jahre unverkauft, wahrscheinlich seines sumpfigen Bodens wegen, denn damals verwendete man auf die Aptierung von Bauplätzen nicht so erhebliche Kosten wie gegenwärtig z.B. zugunsten der Mundsburg. Im Jahre 1652 aber erwarben zwei unternehmende Brüder Wulsf und Lütke Lüdemann dies große Grundstück, nämlich, laut Kämmereikontrakt „einen Platz, sonsten der Tilebeck genannt, belegen in der Neustadt, zwischen dem Neuen Markte und der Peterstraße, welchen sie derogestalt zu bebauen bemächtigt sein sollen, wie er jetzo abgepfahlet ist", – für 2600 Mark Lübsch. Dementsprechend wurde im Stadterbebuche bei der Zuschreibung dieser Platz bezeichnet „*area, der Tielbeck nominata.*"

Zehn Jahre später, 1662, finden wir Lütke Lüdemann als alleinigen Eigentümer der inzwischen auf diesem Platze errichteten 9 Gebäude („*area, der Tielbeck nominata, inter plateam Petri et Forum novum, nunc in novem aedificia distincta*", heißt es im Stadterbebuche); worauf 1667 der ganze Platz in 9 Teile separiert und dem Lütke Lüdemann namentlich dasjenige Grundstück zugeschrieben wurde, welches jetzt die Nummern 19–21 trägt und damals aus 2 Wohnhäusern mit dahinter gelegenem Garten und Stall bestand. Es ist dies das stattlichste Gebäude auf der Nordseite des großen Neumarktes, vormals in seiner Jugendfrische und ungebeugt lotrechten Haltung, ohne Zweifel ein aus anspruchsloser Umgebung bedeutsam hervorragendes Architekturwerk, und noch jetzt in seiner augenscheinlichen Hinfälligkeit ein durch imposanten Dachstuhl und Giebelschmuck ausgezeichneter Bau; übrigens auch ein durch seine Spezialgeschichte interessantes Gebäude: für so manchen verlorenen Sohnes problematische Existenz eine letzte Zuflucht, für so manchen umherirrenden Tannhäuser ein Hörselberg, in dessen Räumen bei rauschender Musik und Waffengeklirr, beim Ringeltanz, Würfelspiel und Becherklang, manch ergreifendes Drama seine vorläufige tragische Schlussszene gefunden haben mag, – während gleichzeitig für andere, glücklichere Naturen ebendaselbst der Tag anbrach für neue, durch Kampf und Gefahr zu Sieg und Ruhm führende Lebensbahnen auf dem Gefilde der kriegerischen Ehre. Es war nämlich dies Gebäude viele Jahre hindurch d a s k a i s e r l i c h e W e r b e h a u s.

Lütke Lüdemann ist uns nicht nur aus den gedruckten Listen der Hamb. Bürgerkapitäne, sondern auch aus gleichzeitigen Chroniken bekannt, welche von ihm einen besser gemeinten als ausgeführten Zug seiner patriotischen Gesinnung berichten. Im Jahre 1675 nämlich, als infolge dänischer Bedrohung die Stadt Hamburg zu energischer Gegenwehr sich rüstete und eine gewisse kriegerische Begeisterung sich aller Bürger bemächtigt hatte, da blieb auch Lütke Lüdemann nicht bei dem Maß seiner Pflicht stehen; er verstärkte seine 5te Kompanie des Regiments St. Michaelis durch 60 gediente Kriegsleute, die er auf seine Kosten anwarb, armierte und besoldete und stellte dazu noch einige leichte Artillerie (Schiffsböller) nebst beigehöriger Bedienung. Als er wie ein Feldherr mit dieser höchst abenteuerlich aufgeputzten Mannschaft durch die Stadt zog, gefolgt vom Jan Nagel und dem ganzen Schwarm der neustädtischen Gassenbuben, da gabs Skandal an allen Ecken und Enden und es schien, als könne durch diese Karikatur der ernste Kriegergeist der ganzen Stadt lächerlich gemacht und verflüchtigt werden. Deshalb schritt der Rat ein, löste die Bande auf und belegte den Führer, ungeachtet seiner Versicherung, als heroischer Patriot der Stadt Bestes erstrebt zu haben, mit ansehnlicher Geldbuße. Übrigens blieb er Bürgerkapitän, starb aber schon im Januar 1682. Er kann immerhin als ein verkannter Patriot und Vorläufer des glücklicheren Vater Hanfft vom Jahre 1813, nachträglich gefeiert werden. Jener Vorfall ist in den Hamb. Geschichten und Denkwürdigkeiten S. 441 erzählt.

Im Jahre 1667 finden wir das dem Lüdemann'schen Erbe benachbarte bescheidene Haus im Besitz eines der namhaftesten und fruchtbarsten Schriftsteller seiner Zeit, des Regensburgers G e o r g G r e f l i n g e r , seit 1640 als Notarius in Hamburg wohnhaft, ein von der Mitwelt begierig gelesener, der Nachwelt aus jeder Geschichte der deutschen Literatur bekannter Mann. Neben historischen und moralischen Geschichten, neben unendlich vielen geistlichen und weltlichen Liedern, hat er ein Komplimentierbuch, sowie Werke über Gartenkunst, Konfitüren-bäckerei und ein Kochbuch teils verfasst, teils übersetzt; auch eine sehr verbreitete, von seinem Sohne fortgesetzte politische Zeitung „Der nordische Mercurius" redigiert und zu derselben handschriftliche Beilagen verfasst, in welchen der kluge Mann alles dasjenige dreist mitteilte, was er aus Zensurrücksichten nicht zu drucken wagte. Im Hamb. Schriftsteller-Lexikon wird dieser kaiserlich gekrönte Poet etwas kurz als „berühmter Polygraph und leidlicher

Dichter" charakterisiert. – Wie so bald verklungen ist der Ruhm einer Literaturgröße zweiten Ranges! Greflingers Haus schmückt keine Denktafel, ja, wir kennen weder sein Grab noch das Jahr seines Todes und wissen nur, wann er aufgehört hat zu schriftstellern, was wahrscheinlich mit dem Ende seines Erdenwallens zusammenfällt, da bei ihm Atmen und Dichten eins war.

Nachdem das Lüdemann'sche Grundstück 1674 in andere Hände, 1684 in des Steinhauermeisters Johann Zindels und 1690 in Christoph Behagens, eines Weinverlassers, Besitz gekommen war, erwarb dasselbe i. J. 1698 Andreas Sonnenberg, ein Nadlermeister, der als Fremder hier eingewandert und i. J. 1676 zum Bürgerrechte gelangt war. Von ihm wird das Wahrzeichen des Hauses herrühren, welches noch jetzt dessen Schmuck und Zierrat bildet: jenes weithin leuchtende goldene Sonnengesicht hoch oben im Giebelfelde des Gebäudes. Es ist ein gekröntes Wappenbild, dessen redende Figuren, die starke vergoldete Sonne auf einem in Stein gemeißelten Berggipfel, den schönen Namen des Hauseigentümers S o n n e n b e r g versinnbildlicht und auf das Haus selbst übertragen haben. Viele Jahre blieb es in seinem und seiner Erben Besitz. In Akten der 1730er Jahre erscheint ein Buchhalter Johann Schreiber als nunmehriger Eigentümer des Grundstückes, welcher es an Wirte zu vermieten pflegte, die ihrerseits die überflüssigen Räume wieder vermieteten, gleichviel an wen. So überließ i. J.1734 der damalige Mieter des Hauses den größten Teil desselben an das k a i s e r l i c h e W e r b e - K o m m a n d o, welches sich darin festsetzte und bei seinem Abzuge die für solche Zwecke bereits eingerichteten Lokalitäten dem Ablösungs-Kommando zu gleicher Benutzung überantwortete. Und seitdem ist, – mit geringer Unterbrechung während der kurzen Regierungszeit Kaiser Karls VII. des Bayern, – das H a u s S o n n e n -

b e r g beständig das respektvoll genannte, hier gemiedene, dort gesuchte k a i s e r l i c h e   W e r b e h a u s geblieben, bis es am 4. Januar 1806, kurz vor dem Aufhören des deutschen Reichs für immer geschlossen wurde.

II.

Schon im Mittelalter war Hamburg infolge des Zusammenströmens junger Mannschaft aus allen Gegenden ein sehr gesuchter Werbeplatz für Hauptleute und Obristen, die ihre Fähnlein hier errichteten oder vervollständigten; und mit Vergnügen ergriffen damals auch die Bootsleute solche Gelegenheit, bei einem Kriegszuge zu Lande sich zu beteiligen, wenns eben auf der See nichts zu tun gab. Unzählige Male ging auch für Hamburgische Kriegs- oder Verteidigungszwecke die Werbetrommel durch die Straßen der Stadt; und kaum waren die überflüssig gewordenen Mannschaften entlassen, so winkte denselben schon wieder eine andere Fahne. – Aber erst im Verlaufe des 30jährigen Krieges und später wurde allerorten das Werbewesen in eine bestimmte Ordnung gebracht. Heimliche und reichsfeindliche Werbungen wurden gesetzlich verboten. Außer den einheimischen waren eigentlich nur die kaiserlichen Werbungen, zunächst für Reichszwecke und gegen Türkengefahr die einzig berechtigten; doch duldete man auch die der Kreis-Obersten, d. h. die Werbung derjenigen Reichsstände, welche das Kreis-Direktorium führten, also für Niedersachsen: Brandenburg und Braunschweig-Lüneburg. Aus anderen ebenso triftigen Gründen konnte Hamburg die dänischen und holsteinischen Werbungen nicht verhindern. Gelegentlich ließ man auch sehwedische, holländische und englische Werbungen passieren. Jedenfalls aber blieb die kaiserliche Werbung im Besitz einiger Vorrechte. Ein neu eintreffendes kaiserliches Kommando durfte z.B. unter Trommelschlag und Pfeifenspiel durch die Straßen der Stadt ziehen und auf allen Marktplätzen das Werbepatent des Reichsoberhauptes verlesen lassen, – was keiner anderen Werbung gestattet war. Die kaiserliche Werbung durfte auch in ihrem Hause beständig klingendes Spiel haben, welches den anderen nur an einzelnen Tagen erlaubt war. Am kaiserlichen Werbehaus durfte neben dem Wappenschilde mit Einladungsinschrift auch eine wohlausstaffierte Uniform hängen, die Montur desjenigen Regiments, für das geworben wurde; ein Lock- und Zugmittel, dessen sich freilich nach und nach auch die anderen Werbungen anmaßten. Den kaiserlichen Rekrutentransporten wurde auch bei ihrem Abmarsch ins Reich die freie Fahrt bis Harburg oder Bergedorf und ein kräftiges Frühstück daselbst auf Stadtkosten bewilligt. – Übrigens war die Erteilung einer jeden Werbungskonzession zum Schutze hiesiger Bürger und Bürgersöhne an gewisse Bedingungen geknüpft, auch fand bei allen Rekrutentransporten ein diesseitiges Kontrollverhör statt. Freilich gabs für gewissenlose Werber Mittel genug, diese Vorsichtsmaßregeln zu umgehen und dasjenige erfolgreich zu praktizieren, was man S e e l e n v e r k ä u f e r e i nannte. – Die Archive aller größeren vormaligen Reichsstädte sind reich an Akten in Betreff der Soldatenwerbungen und ein bedeutsames Material für die Kulturgeschichte steckt in diesen Akten. Bei systematischer Ordnung derselben nach den betreffenden Staaten gibt es hier häufig auch eine Rubrik „gewaltsame und arglistige Werbungen" mit der Randverweisung „siehe Preußen". Die interessanteste Hamburgische Geschichte dieser Art ist unter dem Titel „vom langen Schäfer" mitgeteilt in dem Nestler'schen Almanach auf das Jahr 1863. – Der kaiserlichen Werbung in Hamburg kann man indessen im Ganzen nicht viel Übles nachsagen, da bei ihr die wenigsten und unbedeutendsten Händel vorgefallen sind.

Übrigens ist nicht zu verkennen, dass diese Werbungen, gehörig beaufsichtigt, für große Städte auch ihre gute Seite gehabt haben. Sie dienten als spanische Fliegen und Fontanellen zur Ausscheidung der bösen Elemente in der Bevölkerung und der kaiserliche Oberlieutenant Frey hatte nicht Unrecht, wenn er in seinen Schreiben an den Senat vom Jahre 1748 sagt: „in Hamburg giebt's genug der losen, müssigen, unnützen liederlichen Porsche, welche zuverlässig dem Zuchthause zufallen; wenn dieselben nur sonst tauglich, so nehme ich sie gern für den kaiserlichen Kriegsdienst, was ein gar schön *Remedium* ist, um solche pöse Porsche in Zucht und Ordnung zu bringen, und der guten Stadt Hamburg die Frevel, den Verdruß und die Zuchthausalimentation gänzlich zu ersparen."

Es fehlt völlig an Nachrichten über die Lokale der kaiserl. Werbung in älterer Zeit. Der Obrist Hermann Bothe, der 1641 hier warb, quartierte seine Leute in eines Beckenschlägers Hause in der Neustadt ein, wozu er des Rats Erlaubnis erbat; und in dortiger Gegend werden vermutlich auch seine Nachfolger gewirkt haben, der Obrist Graf Gortzky 1672, der Fähnrich von Lewenklau 1674, die Hauptleute Christian von Rantzau 1686, von Planitz 1717, Neubaur 1719, Major Henniger 1719 usw., bis, wie oben erwähnt, i. J. 1734 das vormals Sonnenberg'sche Haus am großen Neumarkt, dessen Räumlichkeiten nebst Hofplatz und Stallung bequeme Gelegenheit boten, als kaiserliches Werbehaus eingerichtet wurde.

Es kam sogleich in starke Benutzung. Am 3. Februar 1734 war die Werbung eröffnet und schon am 13. konnten einige 70 Rekruten expediert werden. Im Januar 1735 wurden die Offiziere und Mannschaften durch ein anderes Kommando unter Befehl des Hauptmanns Grafen von

15

Wittgenstein abgelöst. Am 1. Februar zogen die neuen Werber, 3 Offiziere mit 23 Unteroffizieren und alten Soldaten unter Trommelschlag und klingender Feldmusik durch die Stadt, den Anfang ihres Geschäfts verkündend, welches sofort äußerst lebendig wurde.

Das Werbehaus beherbergte wenige Wochen später schon über 100 Angeworbene außer der alten Mannschaft. Bei solcher Übervölkerung des Gebäudes brach unter den Rekruten eine gefährliche Krankheit aus, welche den Senat zu gesundheitspolizeilichen Schritten veranlasste. Dr. Lossau, der Hausarzt, hielt indessen die Krankheit nicht für kontagiös, auch für keine an sich tödliche; zwar sei sein Kollege Dr. Sauer daran gestorben, aber derselbe sei bekanntlich Abend für Abend betrunken nach Hause gekommen; ebenfalls sei einer der Werbe-Offiziere daran Todes verblichen, aber dieser Herr habe nicht minder sehr irregulär gelebt. Der Senat bestimmte indes mithilfe des kaiserlichen Gesandten den Werbe-Kommandanten zu der Vorsichtsmaßregel, die allzu zahlreiche Mannschaft zu teilen und die Hälfte in andere Quartiere zu legen. Bei dieser Gelegenheit zeigte es sich, dass ein Saal im Sonnenberg'schen Hause an den Schulmeister Peter Gerber vermietet war, der äußerst passend inmitten des Werbetumults seine Kinder in Gottesfurcht und Sittlichkeit informiert hatte, bis auch diese zarten Pflanzen von der Krankheit der rauen Krieger ergriffen wurden. Übrigens erlosch dieselbe bald und im Sommer schon konnte Dr. Sonnenkalb als Hausarzt attestieren, dass er nur noch 9 kaiserliche Patienten zu behandeln habe, darunter 6 an Schwindel, Kopfschmerz und verdorbenem Magen, einem bei Neuangeworbenen äußerst gewöhnlichen Übel, das er mit kaltem Wasser wirksam zu behandeln pflege. Ersichtlich fehlte der deutschen Sprache damals noch der Ausdruck „Katzenjammer."

Nach dem Ableben Karls VI. (1740) stellte die kaiserliche Werbung (welche einige Jahre zuvor auch Mariniers angeworben hatte für die Donauflotte im ungarischen Türkenkriege) vorläufig ihre Tätigkeit ein; Offiziere und Unteroffiziere gingen nach Wien, ihren Rekrutenvorrat den preußischen und dänischen Werbern überlassend. Nach zweijähriger Vakanz empfing der Bayer Karl VII. die deutsche Krone und etablierte sofort (1742) eine neue kaiserliche Werbung in Hamburg, für Infanterie unter dem Hauptmann Fischer in einem Hause am Zeughausmarkt und außerdem eine Husarenwerbung unter dem Kornett v. Schönfeldt am Schweinemarkte. Bemerkenswert ist, dass diese Werbungen des neuen Kaisers mehr Anlass zu Verdruss gegeben haben, als alle früheren und späteren des habsburgischen Hauses. Der Senat fand daher bald Material genug für eine eindrucksvolle Beschwerdeschrift, in welcher nebenbei das ganz unpassende Erscheinen einer Husarenwerbung in einer Stadt wie Hamburg gerügt wurde. Sie verschwand auch bald darauf und sofort nach empfangener Botschaft über das Ableben Karls VII. (1745) ließ der Senat das kaiserliche Werbehaus am Zeughausmarkt schließen.

Ein Jahr später, im Februar 1746, erstand dann unter den Auspizien Franz I. die alte kaiserliche Werbung wiederum in dem Sonnenberg'schen Hause am großen Neumarkt. Unter den nun folgenden kaiserl. Werbe-Offizieren sind bemerkenswert zwei Söhne Hamburgs aus angesehenen Familien, nämlich der Hauptmann Eberhard Jenisch, geb. 1723, das 12te der 16 Kinder des Senators Paul Jenisch. In dem Patent vom 10. September 1750, welches ihn als Kommandeur der Werbung legitimiert, nennt der Kaiser ihn ausdrücklich einen Hamburgischen Patrizier. Er fungierte mehrere Jahre in dieser Eigenschaft, starb aber schon am 2. November 1755. Sein Bruder, der im Jahre 1773 zum Ratsherrn erwählte Emanuel Jenisch, war der Vater resp. Großvater der beiden Senatoren des Namens Martin Johann Jenisch. – Der zweite Hamburger war der kaiserl. Lieutenant Jean Bruguier, geb. 1748, welcher 1779 auf Werbung hierher kommandiert und 1782 als Oberlieutenant versetzt wurde. Er war ein jüngerer Sohn des hiesigen angesehenen Kaufmanns Jean Alexander Bruguier, dessen Vater aus Nismes in Languedor sich hier niedergelassen hatte und dessen zwei Schwestern mit hier akkreditierten fremden Diplomaten verheiratet waren, mit dem holländischen Minister de Buys und dem preußischen Gesandten v. Destinon. Des Lieutenants Bruguier Schwestern waren vermählt mit John Burrowes, Mitglied der hiesigen englischen Court, und mit dem Kaufmann Heinrich Borckenstein sen., dessen Tochter Susette später als Madame Gontard in Frankfurt das unfreiwillige Ideal des unglücklichen Dichters Hölderlin wurde. Lieutenant Bruguier muss im Auslande verstorben sein, in Hamburg ist sein Familienname verschollen.

Von den übrigen kaiserlichen Werbe-Offizieren, welche im Sonnenberg'schen Hause am großen Neumarkt kommandierten, sind zu nennen: die Oberlieutenants Beneke (1770), Baron von Cordon (1786), Baron von Rosenberg (1788), Graf von Kunigl (1792), von Wilmans (1794–1801) und als letzter: von Nustädt (1802–1806). Das Ende erfolgte nicht ohne hartnäckiges Widerstreben. Auf Napoleons Befehl forderte sein Gesandter Bourienne schon im Okt. 1805 die Aufhebung der Werbung, welchem Ansinnen der kaiserliche Gesandte Herr von Höfer auf das Lebhafteste widersprach. Infolge eines imperativen Tagesbefehls Napoleons aus Schönbrunn vom 19. Dez. 1805 sah sich nun der Senat, um die angedrohten französischen Feindseligkeiten von Hamburg abzuwenden, unumgänglich genötigt, den Befehl zur Abnahme des kaiserlichen Schildes am Werbehause binnen 3 Tagen zu erlassen. Am späten Abend des 4. Januar 1806 vollzog der Oberlieutenant von Nustädt selbst diesen Akt, worauf Herr von Höfer ihn und das übrige Werbe-Kommando „vorläufig beurlaubte", – mit welchem Provisorium die kaiserliche Werbung in Hamburg ihre definitive Endschaft erreicht hat.

Außer der kaiserlichen haben aber noch andrer Potentaten Werbungen ihre Häuser am großen Neumarkt gehabt. An der Ecke der Schlachterstraße lag vor 150 Jahren und später ein Wirtshaus, genannt Zum Weißen Schwan, in welchem 1712—21 eine der mehreren dänischen Werbungen ihr Wesen trieb. Die preußische Werbung, welche 1721 in der „bunten Kuh" am Zeughausmarkte residierte, befand sich um 1787 in e i n e r Reihe mit dem kaiserlichen Werbehause am großen Neumarkt, also an der Nordseite des Platzes. – Auch soll zu Anfang dieses Jahrhunderts hier ein englisches Werbehaus seine Dienste offeriert haben, mit den gereimten Worten seines Schildes: „Wer wirbt König Georg Soldaten, für seine deutschen Staaten." Es hat sich aber darüber nichts Genaueres ermitteln lassen und so mag diese Angabe auf Verwechselung beruhen mit der gleich zu erwähnenden Werbung im Jahre 1813. – Diese ganze Stadtgegend scheint überhaupt dem Werbegeschäfte günstiger gewesen zu sein als die Altstadt, denn auch in der Jacobstraße und bei den sog. Hütten florierten fortwährend solche Lokale. Das gab treuen Schullehrern der Altstadt wohl Gelegenheit, ihre heranwachsende Jugend nachdrücklich vor dem Betreten dieser Stadtgegend bis zum Wall zu warnen, die von „Seelenverkäufern" wimmelte; Warnungen, die noch lange nachklangen, als es hier längst keine Werbehäuser mehr gab, – wenngleich sonstige Gefahren genug!

Zum Beschluss dieses Kapitels sei noch an die allerletzte öffentliche Werbung in Hamburg erinnert, welche unter gänzlich verschiedenen Umständen und in ganz anderer Weise i. J. 1813 statthatte. Während der wenigen Monate, da die Stadt von ihren Drängern befreit war und

Hamburgs Männer und Jünglinge den Fahnen und Standarten der Hanseatischen Legion zuströmten, – öffnete ein großes, vornehmes Kaufmannshaus der Altstadt, das des ehrbaren Oberalten Franz Doorman, seine Pforten und Hallen, um zugunsten der guten Sache des Vaterlandes ein Werbegeschäft bei sich aufzunehmen: das des Hannoverschen Oberstlieutenants von Estorff! Die Sache ist charakteristisch genug, um die Bekanntmachung dieses tapfern Offiziers, wie sie in Nr. 59 des Hamburg. Correspondenten vom 13. April 1813 zu finden, hier einzuschalten, obschon unser Thema, der große Neumarkt, dabei unbeteiligt bleibt. Gedachte Zeitungsanzeige lautet:

„Ich eile, meinen braven und geliebten Landleuten, welche von Patriotismus beseelt ihr Vaterland vom französischen Joche zu befreyen, bekannt zu machen daß ich zu diesem allerhöchsten Orts genehmigten Zwecke ein Regiment Husaren und ein Regiment Jäger zu Fuß errichte, deren Sammelplatz jetzt Hamburg ist. – Ich fordere daher alle waffenfähige junge Mannschaft, und besonders die des Fürstenthums Lüneburg und der umliegenden Gegend auf, sich bei den gegenwärtigen Umständen und unter sehr vortheilhaften Bedingungen hier einzufinden, und sich in dem Werbehause des Lüneburgischen Husaren- und Jäger-Regiments in der großen Reichenstraße Nr. 37, unter dem Motto:

> *Hier wirbt Georg Soldaten*
> *Für seine deutschen Staaten*

zu meiden und einschreiben zu lassen.

A. v. Estorff

kön. Großbrit. Oberst-Lieutenant.

III.

Nachdem wir somit Einiges aus der Vergangenheit der Nordseite des großen Neumarktes erfahren, wenden wir uns zu dem Platz selbst und zu seiner vormaligen Charakteristik.

So viel seine Bedeutung für den regelmäßigen Verkehr des täglichen Marktes, namentlich für Viktualien und Konsumptibilien betrifft, so muss man gestehen, dass er in dieser Hinsicht niemals die Fülle und Ausdehnung des Hopfenmarktes erreicht hat, den er doch wohl für die Neustadt ersetzen sollte. Dagegen war er gleich anfangs ein Haupttummelplatz für den Jahrmarkts-Verkehr und zu einer Zeit, da der Gänsemarkt für solche Zwecke noch nicht benutzt wurde, in umfassendster Weise. In den Jahrmarktszeiten fanden hier nicht nur die fremden Verkäufer mit Buden und Zelten ihren Platz, sondern neben ihnen auch alle Sehenswürdigkeiten und die vielfachen sonstigen Vergnügungen der Marktfreunde, welche Dinge noch i. J. 1802 sämtlich hier paradierten, worauf Menagerien, Kunstreiter, Seiltänzer und Konsorten vors Tor gewiesen wurden auf den Hamburger Berg, jetzt St. Pauli genannt. Neben wilden und gezähmten Bestien, Riesen, Zwergen, starken oder dicken Menschen, abgerichteten Hunden, Affen und Mäusen, betriebsamen Flöhen, auch Kälbern mit überflüssigen Köpfen und Beinen, neben den Schildereien haarsträubender Mordgeschichten und Hinrichtungsszenen, neben Taschenspielern und Gauklern aller Art, figurierten hier auch auf offenen Schaubühnen die

21

Quacksalber, Zahnbrecher und Wurmdoktoren in roten Röcken mit ihren unfehlbaren Heilmitteln gegen jegliches Weh, sekundiert durch ihren Famulus, den buntjackigen Hanswurst, dessen verteufelte Späße die Volksmassen umso unwiderstehlicher lockten, je gewisser sie auf Skandalerregung abzielten, wie z.B. die injuriösen Possen des Marktschreiers von 1742, die einen förmlichen Handwerksgesellentumult zuwege brachten, der nur mühsam durch militärisches Aufgebot gestillt werden konnte.

Einige Stufen höher standen schon die K o m ö d i e n - s p i e l e , welche während der Jahrmarktswochen, mit allerhöchster Permission aber auch zu jeder andern Zeit, häufig monatelang am großen Neumarkt in diesem oder jenem Wirtshause, meistens aber in mehr oder minder wasserdichten Buden aufgeführt wurden. Der Stand derselben kann nur vor den Häusern der Nordseite gewesen sein, da der südliche Teil des Platzes durch die täglichen Wachtparaden in Anspruch genommen wurde, von welchen wir später hören werden. Einige dieser theatralischen Erinnerungen des großen Neumarktes dürften hier wohl umso passender erscheinen, als grade an eben dieser Stelle ein Schauspielhaus errichtet werden soll. Freilich, Künstler ersten Ranges pflegten dazumal im Opernhause oder in den vornehmeren Komödienhäusern in der neust. Fuhlentwiete oder am Valentinskamp zu agieren; aber dennoch braucht sich die künftige Bühne an diesem Platze ihrer armen Vorläufer nicht zu schämen, da die Namen vieler derselben durch die Geschichte des deutschen Theaters verewigt sind.

Wenn i. J. 1666 der Theaterprinzipal Pandsen mit seiner Truppe in einer Bunde am großen Neumarkt unter geringen Zulauf und deshalb „nicht gar lange" agierte, so mags daran gelegen haben, dass für solche Kunst den neustädtischen Hamburgern das Verständnis noch nicht aufgegangen war, zumal wenn er wirklich, wie er versicherte, seine Komödien „sondern Iactanz und üppigen Ruhm" zur Aufführung brachte. Etwas später gastierten im Wilden Mann am großen Neumarkt königl. dänische Hofakteure. Sie stellten mit beweglichen Figuren in propper Kleidung bei lieblicher Musik „Die Enthauptung des Fräulein Dorothea" dar, ein herzangreifendes altes Drama, das schon um 1412 bekannt war und sich auf ambulanten Volksbühnen noch bis tief ins 18. Jahrhundert erhalten haben soll. Anno 1696 wurde in einer Bude ein mathematisches Kunstbild, welches natürlich reden konnte, gezeigt, daneben aber auch Dr. Fausts Leben und Tod „mit großen Posituren und herrlichen Actionen" zur Aufführung gebracht.

Bedeutend höher stand ohne Zweifel die damals berühmte Truppe des Magister Veltheim, eines für seine Zeit verdienstvollen Theaterdirektors, dessen Personal zum Teil aus gewesenen Studenten bestand. Nachdem diese königl. polnischen und kursächsischen Hofkomödianten schon früher in Hamburg gespielt, führten sie im Jahre 1702 im holländischen Oxhoft am großen Neumarkt ihre neuesten dramatischen Produkte den erstaunten Hamburgern vor, z.B. „den vom Pickelhäring ermordeten Schulmeister oder die artig betrogenen Speckdiebe"; auch „die Rache der Gibeoniter", – stets mit lustigen und völlig extemporierten Nachspielen, auf welche Kunst die vormaligen Studenten sich trefflich verstanden. Veltheim kehrte noch häufig in den nächsten 20 Jahren nach Hamburg zurück und spielte gern am großen Neumarkt, entweder in einem gemieteten Hause oder in einer „mit Dachpfannen gedeckten" Holzbude, wie die Komödienzettel ausdrücklich versicherten. Er führte unter steigendem Beifall des Publikums auch Molière'sche Stücke auf, dazwischen zum Ärger der Hamburgischen Rechtsgelehrten eine Posse, betitelt: „Arlequin, ein im Kopf gänzlich verrückter

Jurist". Unter seinen Schauspielern gefiel vorzüglich der bekannte Komiker Stranitzky, aber auch Monsieur Judenbart und Monsieur Salzhüter wurden gern gesehen. In den ersten Helden, Elendsohn hieß der Glückliche, verliebten sich richtig viele junge Hamburgerinnen und eine derselben, eines Bürstenbinders schöne Tochter, hatte die Courage, den Komödianten zu heiraten und seine Lebens- und Wandergefährtin zu werden. Bezeichnend ist es, dass diese Hamburgerin niemals zu bewegen gewesen ist, als Schauspielerin die Bühne zu betreten; dagegen begriff sie schnell das Geschäftliche einer Theater-Direktion, als ihr Gatte eine solche übernahm, setzte auch mit ihren beiden späteren Männern und noch als Witwe des Letzten, dies Geschäft mit Eifer und Geschick fort, z.B. 1726, als sie hier am großen Neumarkt sogenannte Haupt- und Staatsaktionen mit burlesken Nachspielen aufführte. – Zur Abwechslung nach Veltheim'schen Besuchen gastierten die Prinzipale Beck, Querges u.a., nicht aber die verdienstvolle Frau Neuberin, die Hamburg zwar häufig beehrte, aber niemals am großen Neumarkt ihre Bühne aufschlug. – In den 1730er und 40er Jahren gab es hier ein sehr beliebtes Marionetten-Theater, dessen zierliche Puppen den Erzzauberer Faust mit moralischen Sentenzen, sowie Karls XII. Tod mit lebhaftem Bombardement, auch die rührende Geschichte von Jason und Medea und zumal den rasenden Roland, äußerst natürlich darstellten.

In Sommer 1747 wurde eine sehr große Bude erbaut, deren Standort zwischen der Hauptwache und den Häusern der Nordseite sich ausdrücklich bemerkt findet. In derselben trat vom Herbst d. J. bis Februar 1748 die erste französische Schauspielergesellschaft, die Hamburg besucht hat, vor das kunstsinnige, sprachkundige Publikum, welches den Racine'schen Dramen vielen Beifall schenkte, einen noch lebhafteren, aber den altitalienischen Komödien derselben

Künstler. Die Liebhaberei der Hamburger für den Besuch dieser Bühne wurde dem würdigen Hauptpastor Dr. Neumeister zu St. Jacobi zuletzt so besorglich, dass er sich nicht enthalten konnte, dawider zu warnen. Aber es kam noch stärker. Denn vom Herbst 1748 bis zum Sommer 1749 wirkte in ebenderselben Bude der Wundermann seiner Zeit, Nicolini, dessen Zauberpantomimen Jung und Alt entzückten und förmlich hinrissen, – auch als er 1772 Hamburg nochmals heimsuchte. Lessing, der diese Künste einmal in Leipzig gesehen, war freilich anderer Meinung, er nannte die in den Pantomimen agierenden Kinder „abgerichtete Affen" und sprach unwillig von Blendwerk und Gaukelspiel. Aber trotz der hohen Eintrittspreise nahm der Zudrang der Schaulustigen niemals ab, zumal wenn das (noch in diesem Jahrhundert zuweilen gesehene) Paradestück „die Geburt des Arlequin" gegeben wurde, welcher äußerst effektvoll von der Sonne aus einem großen Ei erbrütet wurde.

Allerlei Schaustellungen Prager Künstler übergehend, welche arabische Zauberfürsten, einfältige Pariser Jungfern und ein Kunstpferd mit Menschenverstand vorführten, mag die Kuniger'sche Gesellschaft (1752) deshalb erwähnt werden, weil sie neben Holberg'schen und Gellert'schen Stücken auch die Tragödien unseres vaterstädtischen Dichters Georg Behrmann aufführte: die Horazier und Timoleon, den Bürgerfreund.

Es würde zu weit führen, alle die ferneren mehr oder minder komödienhaften Schaustellungen zu nennen, welche „hinter der Hauptwache" des großen Neumarkts das Hamburgische Publikum angelockt haben. Das Trefflichste dieser Art scheinen i. J. 1793 die theatralischen Perspektiven der Herren Pierre und Gabriel gewesen zu sein: Städtebilder, Landschaften, Naturereignisse, Sonnenauf- und -untergänge, Seestürme, – alles mit beweglichen Figuren, rollenden Wagen, trabenden Pferden, tanzenden

Menschen, segelnden Schiffen. Als Glanzpartie galt eine solche Darstellung des Jungfernstieges mit dem Alsterbassin unter getreuer Kopierung der kleinsten Details sowie einiger stadtbekannter Persönlichkeiten, welche niemals verfehlten, den lautesten Jubel der zahlreichen Zuschauer zu erregen.

Die letzte an dieser Stätte wirkende Schauspieler-Gesellschaft war eine Englische. Eigentlich für Nordamerika bestimmt, aber durch französische Caper in die Elbe gejagt, gastierten diese armen Leute anfangs des Winters 1795 in Altona, wo sie gar keinen Zuspruch fanden, sodann hier, wo es ihnen nur wenig besser erging. Es war eben ein kalter Winter und der Aufenthalt in der sehr zugigen, ungeheizten Bretterbude äußerst ungemütlich. Dennoch sollen die Aufführungen Shakespeare'scher Dramen durch die von Hunger und Frost geplagten Schauspieler, unter welchen Mr. Scriven und Miss Fontenelle Künstler ersten Ranges waren, vollkommen tadellos gewesen sein.

Vielleicht verweilten wir schon zu lange bei den Einzelheiten der vormaligen Bedeutung des großen Neumarktes für die darstellende Kunst; es sei deshalb nur der Vollständigkeit wegen noch erwähnt, dass im Winter 1834–35 der berühmte Zirkus Baptiste Loisset hier seine prächtigen Vorstellungen gab und eine so unerhört große Zugkraft ausübte, dass man im Stadttheater vor leeren Bänken spielte und Herr Loisset veranlasst wurde, seine täglichen Aufführungen auf vier Tage pro Woche zu beschränken. Die beiden schönsten und graziösesten der kühnen Reiterinnen wurden von der jugendlichen Künstlerhand Otto Speckters in den effektvollsten ihrer malerischen Attitüden hoch zu Ross gezeichnet und ein schwungvolles Gedicht eines vaterstädtischen Poeten verherrlichte beide, namentlich durch den gewiss tief empfundenen Refrain: „ein Göttermädchen ist die Hinne, und Engeln gleich die Kenebél."

IV.

Auch abgesehen von den oben besprochenen sol-
datischen Werbehäusern hatte unser großer Neumarkt i n m i l i t ä r i s c h e r H i n s i c h t eine
wichtige Bedeutung. Seit der Zeit, als der großartige
Festungsbau die Neustadt sozusagen geschaffen, lag
auf diesem Platz die H a u p t w a c h e der Garnison, von
der unten ein mehreres. Dieser Umstand und die Ansie-
delung der meisten Offiziere und der damals noch nicht
kasernierten Soldaten in dieser Stadtgegend, z.B. in den
sog. Häuselein und Hütten am Wall zwischen dem Alto-
naer- und Dammtor, verlegte in natürlichster Weise den
Schauplatz der täglichen W a c h t p a r a d e auf den großen Neumarkt. Nach einer Handzeichnung aus der Mitte
des vorigen Jahrhunderts reichte ihre Frontaufstellung
(rechts seitwärts der Wache) von der Markusstraße bis zur
Schlachterstraße. Täglich zogen über 400 Mann von der
mehr als 2000 Köpfe zählenden Infanterie auf die Wachen;
um 1785 sogar 2 Hauptleute, 4 Lieutenants, 33 Unteroffiziere, 514 Soldaten, außer 10 Dragonern, 2 Feuerwerkern
und 24 Artilleristen. Kein Wunder, dass solche regelmä-
ßige militärische Aufzüge dem ganzen Platze einen martia-
lischen Anstrich gaben. – Bis 1750 laborierten diese Paraden indessen an einem empfindlichen Lokalübelstande.
Allerdings war der große Platz gepflastert, allein abgesehen von der mehrfach recht unebenen Formation des
Bodens, durchschnitt das ganze Areal ein konfuses System
tiefer breiter Rinnsteine, welches dem feierlichen Parade-

schritt der Truppen äußerst beschwerlich fiel. Da die zur Ablösung der Hauptwache kommandierte Mannschaft jedes Mal erst einen solchen Graben zu überwinden hatte und darüber fast regelmäßig ins Stolpern und Straucheln geriet, so wurde höchst zweckmäßig die dortige Gosse mit breiten Bohlen überdeckt, – die übrigen Fallgruben aber blieben auf ihrem Wert oder Unwert beruhen. Hier verursachte nicht nur die Unebenheit des Terrains eine übelstehende Irregularität in der Aufstellung der „Generalparade" (wie man damals sagte), sondern den Soldaten erwuchs auch speziell aus dem Gossensystem die Inkommodität, das sie mitten in den Rinnsteinen stehen mussten, mithin bei Regenwetter im blanken Wasser sehr nasse Füße bekamen und ihr Schuhwerk ruinierten, während zur Winterszeit auf dem glatten Eise dieser oft verwünschten Gossen Offiziere wie Soldaten nur mühsam das Stehen behaupten, keinesfalls aber anständig marschieren konnten, vielmehr „ohn Unterlaß" (wie ein Rapport besagt) zur Erde fielen, wodurch gar mancher zu Spott und Schaden kam. Jahrelang schon war über diese Terrainschwierigkeiten, die der ganzen Parade zum höchsten Despekt gereichten, doliert und moniert, indessen glaubte die Baubehörde allemal etwas viel Wichtigeres beschaffen zu müssen. Als nun aber eines Tages i. J. 1754 der Kommandant, General von Wurmb, auf der Parade beim Durchgehen der Glieder nicht genugsam aufpasste und darüber einen Fehltritt in die tiefe Gasse tat, sodass er längelangs hinstürzte, andere in seinen Fall verwickelte und sich selbst wie diese nicht unerheblich verletzte, da schrieb der Gekränkte einen geharnischten Bericht direkt an den Senat und ersuchte um sofortige Besserung des Grundübels. Und der Senat beauftragte ungesäumt die Baubehörde, den ganzen Platz fördersamst egalisieren und die Gossen, sofern sie beizubehalten, mit Bohlen überdecken zu lassen so weit der

Paradeplatz reiche, worauf die Baubehörde schleunigst dies gute Werk vollzog.

Desto gefahrloser konnten von nun an auch die großen m i l i t ä r i s c h e n S t a a t s a k t e auf diesem Platze stattfinden, z.B. die Vorstellungen neu erwählter Stadt-Kommandanten durch den Generalisimus, den ältesten Bürgermeister unseres Freistaats, an der Spitze des Kriegsdepartements; und mit besonderer Teilnahme betrachtete das zahlreich versammelte Publikum grade solche Handlungen, die das allverehrte Haupt der Stadt zur öffentlichen Erscheinung veranlassten.

Zu solchen großen militärischen Feierlichkeiten älterer Zeit kann man auch den auf dieser Stelle stattgehabten Akt der Solemnitäten vom 22. Oktober 1648 und 16. Juni 1650 zur Verherrlichung des Abschlusses und der Ratifikation des westfälischen Friedens, zählen. An beiden Tagen begann, nach Beendigung der kirchlichen Feier, die militärische um 4 Uhr nachmittags. Während die Artillerie auf den Wällen der Stadt aus allen Kanonen (es mögen ihrer über 200 gewesen sein) eine dreimalige Salve erdonnern ließ, wozu die zahlreichen Schiffe im Hafen aus ihren Böllern das Akkompagnement lieferten, stand die gesamte Garnison mit klingendem Spiel und fliegenden Fahnen in 3 Haufen vorm Rathause, auf dem Pferdemarkte und hier auf dem großen Neumarkte, um durch 3 mal 3 malige Musketensalven die Friedensfreude Hamburgs selbst den harthörigsten Gemütern zum Verständnis zu bringen, – wobei zu merken, dass damals noch kein strenges Mandat wider das feuergefährliche Schießen in den Straßen der Stadt existierte.

Die W a c h t p a r a d e wurde später, nach Kasernierung der Infanterie im vormaligen Kornhause der Altstadt, auf den geräumigen Platz verlegt, der durch den i. J. 1806 vollendeten bedauerlichen Abbruch der Domgebäude entstanden war, in welcher Platzbestimmung allerdings ein scharfer Kontrast lag, der durch die nachherige Bebauung mit gelehrten Anstalten tunlichst ausgeglichen ist. Seit dieser Zeit diente bekanntlich der Pferdemarkt als Paradeplatz der Garnison.

Nicht eben Parade-, wohl aber Lärm- und Sammelplatz war der große Neumarkt auch für einige Teile der Bürgerwehr. Die Häuser ringsumher gehören nach älterer Einteilung zur 4., 5., 6. und 7. Kompanie des Regiments St. Michaelis; und wenn der Kapitän einer derselben hier wohnte, so war ihr Sammelplatz vor seinem Hause, das auch ihre Fahne beherbergte. Zu Zeiten des nun auch heimgegangenen Bürgermilitärs seit 1814 gehörten die Häuser am Markte bis 1832 zur 1., 5. und 8., seit 1833 aber ausschließlich zur 8. Kompanie des 5. Bataillons, welches hier seinen Sammelplatz hatte.

Die H a u p t w a c h e , deren Lage wohl noch allen Hamburgern erinnerlich ist, zur rechten Hand des Straßenzuges vom alten zum neuen Steinwege, war zu ihrer Zeit ein ganz stattliches Gebäude mit breitem Vordach auf Säulen und geräumigen Erkern im Dachgeschoss. Das Jahr der Erbauung findet sich nicht notiert, doch muss schon 1644 ein Wachthaus hier existiert haben. Jeder der 4 Erker trug sehr passend das Sinnbild der Wachsamkeit: einen Kranich, stehend auf einem Beine, während die andre erhobene Klaue einen Stein umkrallt. Das Gebäude umfasste, außer den Wachtstuben für die i. J. 1752 auf 46 Köpfe festgestellte Mannschaft, auch Arrestantenräume und Haftlokalitäten, sowie seit 1733 eine besondere kriegsgerichtliche Verhörstube, „damit der wachthabende Offizier nicht allemal aus seiner Stube weichen müsse, um dem Auditeur Platz zu machen." Projekte wegen Vergrößerung der Wache, auch wegen Neubaues derselben, wurden seit 1789 mehrfach erwogen und *ad acta* gelegt und den größten Übelständen durch kleine An- und Ausbauten abgeholfen. Bis zur französischen Herrschaft blieb sie im Besitz der Garnison, sodann diente sie auch als Polizeiwache.

Am 24. Mai 1814 waren es unsere ehrlichen alten Nachtwächter, welche mit klingendem Spiel, Trommel und Pfeife, das französische Kommando der Hauptwache ablösten. Wie sie beim Einzuge der fremden Gäste im Jahre 1806 deren Empfang am Pferdemarkt zu besorgen gehabt, so hatten nun auch die Nachtwächter die Ehre, die Fremdlinge wieder zum Tempel hinauszukomplimentieren. – Von nun an wechselte die Besatzung. Die Garnison bezog sie wieder, bis dieselbe 1830 ihre Hauptwache am Altonaer Tor etablierte und den Posten am großen Neumarkt den Nachtwächtern überließ, die jahrelang dort tagten und nächtigten, bis sie diese Station infolge eines Tumults i. J. 1848 dem Bürger-Militär einzuräumen sich veranlasst sahen, worauf später eine Hauptherberge der neuen Nacht- und Polizeiwache daraus wurde. Endlich, nach Vollendung und Einweihung des neuen Lokals bei den Hütten durch Polizeiwächter und deren Pfleglinge, verschwand im Jahre 1859 nach mehr als 200jähriger Existenz das Wachthaus am großen Neumarkt. Leider hat es diesem historischen Bauwerk an einem Album oder Fremdenbuch gefehlt, wir würden sonst unter den Einzeichnungen der zahllosen unfreiwilligen Gäste manchen bedeutsamen Namen und manche interessante Jeremiade finden.

Links neben der Wache stand ein halb offenes Häuschen für die Dagonervedette, die vormals hier einen ständigen Posten hatte; später wurde es in eine Tabaks- und Zigarrenbude verwandelt. Auf seinem rechten Flügel wurde das Wachthaus flankiert durch ein in sittengeschichtlicher Hinsicht nicht uninteressantes Werk der bildenden Kunst, darstellend eine freie Nachbildung des trojanischen Rosses mit absonderlich scharf gebautem Rückgrat, – nämlich das

Straftier löblicher Garnison der sog. h ö l z e r n e E s e l, der aber zur Schonung des militärischen Ehrgefühls in amtlicher Sprache stets für ein P f e r d ausgegeben wurde. Das Reiten auf einem solchen Gaul zur Sühne mäßiger Vergehungen, eine Straf- und Besserungsmethode, die allerdings schmerzhaft war, zumal da wos traf, hauptsächlich durch ihre Lächerlichkeit wirkte, übrigens aber nicht im Geringsten entehrte, – scheint hierorts schon vor 1622 bekannt und namentlich als 5ter Grad der Disziplinarstrafen unserer Zuchthauspfleglinge gebräuchlich gewesen zu sein (1. Hunger, 2. Schläge, 3. Hunger und Schläge, 4. dito dito mit Halseisen, 5. Hölzerner Esel). Als im Jahre 1627 auf dem Pferdemarkt für die Soldateska ein ernsthafter Galgen errichtet wurde, fügte man noch einige freundlichere Strafinstrumente hinzu: die Wippe und ein sog. hölzernes Pferd. Diese gesamte Soldatenjustiz wurde im April 1658 auf den großen Neumarkt, zu dessen mehrerer Zierde, verpflanzt; Galgen und Wippe verschwanden später, der Strafgaul aber blieb hier in Ansehen und Würden noch länger als 100 Jahre bestehen. – Da bekanntlich unser vormaliges, seit 1671 militärisch organisiertes Nachtwächtercorps stets von dem Ehrgeiz möglichster Gleichstellung mit der Garnison beseelt war, so erbat es sich ebenmäßig ein hölzernes Straftier, welches ihm auch in der Gestalt und unter der amtlichen Benennung eines E s e l s großgünstig verliehen wurde. – Die Anwendbarkeit eines solchen Reitinstituts auch auf das weibliche Geschlecht lernten die Hamburger erst im J. 1708 von den hier einquartierten Reichstruppen. Ein Tambour vom Wolfenbüttel'schen Kontingent, welches seinen Posten mit 2 Kanonen auf dem großen Neumarkt hatte, wurde überwiesen, dass das Frauenzimmer in seinem Gefolge keineswegs wie angegeben seine angetraute Ehefrau, sondern ein loses lediges Geschöpf sei. Er büßte daher seinen Frevel mit Spitzrutenlaufen, während man seine Dame 6 Stunden lang – zwar nicht auf dem hölzernen Pferde reiten, doch aber an demselben stehen ließ, worauf sie heimgeschickt wurde.

Indessen auch diese einst so bewährt erfundene militärische Poenalmethode endete wie ein Steppenfluss im sandigen Zeitbewusstsein aufgeklärterer Dezennien. Es mag unser Pegasus am großen Neumarkt etwa seit 1750 immer seltener bestiegen und schließlich in aller Stille als veraltet angesehen sein. Dennoch verharrte er auch noch als *Emeritus* als ernsthaftes Schreckbild auf seinem erhabenen Standpunkte neben der Hauptwache und blickte täglich in strammster Haltung auf die paradierenden Grenadiere, Musketiere und Dragoner, was endlich Offiziere wie Mannschaften arg wurmte. Der Kommandant General Jahnus von Eberstädt machte sich deshalb i. J. 1764 zum lauten Dolmetscher des stillen Ärgers seiner Truppen und deduzierte in einer Vorstellung an den Senat, dass hierorts, wie in aller Potentaten Kriegsdiensten, die altmodische Korrigierungsmethode mittelst des hölzernen „Pferdes", weil sie sowohl zum Despekt als zu sonstigen Inkonvenienzen geführt, schon seit Jahren gänzlich abgeschafft sei, um besseren Mitteln zur Korrektur soldatischer Vergehungen Platz zu machen. Es sei daher dringend zu wünschen, dass das noch immer bei hiesiger Hauptwache stehende hölzerne Pferd als ein gänzlich unnützes, ja zur Verkleinerung der braven Garnison gereichendes Ding, nunmehr endlich weggenommen werden möge. In Erfüllung dieses berechtigten Wunsches fielen nun die Bauhofsleute über das ehrwürdige Ross her und brachten es weg. Wohin es gekommen? Das weiß man nicht. Als Denkmal früherer Kulturzustände, als vormaliges Standbild am großen Neumarkt, hätte es wohl verdient, der Nachwelt aufbewahrt zu werden, was aber nicht geschehen ist, denn in weiland Rödings Museum befand es sich nicht. Uns ist auch nicht

bekannt, wann die ehrlichen Nachtwächter, dem Fort-
schritt ihrer militärischen Stiefbrüder nachhinkend, ihren
hölzernen „Esel" losgeworden sind.

V.

Von den kriegerischen Bauwerken, welche vormals die ungefähre schräge Mittellinie des großen Neumarkts schmückten, gehen wir nunmehr zu den friedlichen über und nennen, absehend von einem Spritzenhäuschen und diversen Brot-, Garbrader- und Bücherbuden, zunächst einen langen, schlanken, kunstlosen Turm von mehr als doppelter Haushöhe, welcher während einiger 30 Jahre neben dem Dragonerposten, unfern der Ecke des alten Steinwegs stand. Es war der bald nach Einäscherung der großen Michaeliskirche im J. 1750 hier erbaute interimistische G l o c k e n t u r m für das verwaiste Kirchspiel, welcher nach Vollendung des neuen Kirchturms seinen Zweck erfüllt hatte und im J. 1783 wieder weggebrochen wurde.

In nächster Nähe der Wache befand sich auch ein langjähriger, bis in die Neuzeit hereinragender, unnützen Zivilpersonen gewidmeter S t r a f p f a h l mit einem Kettengeschmeide, vulgo H a l s e i s e n genannt, für rückfällige, unverbesserliche Landstreicher, kleine Urphedenbrecher und ähnliche Malefikanten, welche zum abschreckenden Beispiel der Gassenjugend, hier einige Stunden paradierten, um dann abermals auf den Schub gesetzt zu werden zu fernerer Zirkulation mit ähnlichen Ruhepunkten.

Auf der andern Seite, also zwischen der Wache und der Ecke des neuen Steinwegs, lag ein seinerzeit viel gepriesenes B r u n n e n h a u s. Im Jahre 1704 hatte man auf öffentliche Kosten den hier befindlichen alten Sood 60 Fuß tief ausgraben, die reine und reiche Wasserquelle in solidester Weise fassen und das Ganze von Grund auf mit Quadersteinen aussetzen lassen, darüber aber einen kleinen Tempel in Holzkonstruktion gebaut, aus dessen 4 Seiten das Wasser zutage floss. Stelzner in seinen Nachrichten über Hamburg (IV. 442) rühmt seine schöne, mit Bildhauerarbeit reich geschmückte, von 4 Säulen getragene Kuppel und erklärt diesen Brunnen neben dem am Berge, für Meisterwerke ihrer Art. Auch Dr. von Heß, in seiner topograph. Beschreibung von Hamburg (1810. I. 451) bemerkt lobend, es sei zu verwundern, dass ein Baumeister, der Rom nicht gesehen und niemals Italien betreten, solch' ein kunstgerechtes Werk habe schaffen können. Des Künstlers Namen aber verschweigen beide Autoren und da er sich sonst nicht notiert findet, so müssen wir schließen, dass dem damaligen Stadtbaumeister Lorenz Dohmssen (1670–1711) oder seinem Gehülfen Hans Meyer, nachmals Bau-Inspektor, gestorben 1736, der Ruhm zukomme, dies schöne Werk zustande gebracht zu haben. Seltsam ist es übrigens, dass derselbe Hr. von Heß an andrer Stelle (I. 144) das Wasser dieses Brunnens lebhaft tadelt, das zwar klar und rein, aber von widrig hartem salzigem Geschmack sei. Hr. von Heß liebte nämlich weiches Wasser und empfahl bei dieser Gelegenheit das Elbwasser als das der Gesundheit zuträglichste Getränk, riet auch, selbst das Flethwasser zur Flutzeit dem unersprießlichen, klaren Brunnenwasser vorzuziehen, – was als Geschmackssache dahingestellt bleiben mag. Die stadtväterliche Obsorge des Senats für diesen Brunnen am großen Neumarkte erhellt übrigens aus einem Befehle von 1790 an den neustädtischen Gassenkummermann, dass er sich des Tränkens seiner Pferde aus gedachtem Brunnen fortan gänzlich zu enthalten habe.

Als nun in neuerer Zeit beim Abbruch der alten Hauptwache auch die übrigen Nebengebäude des Marktes entfernt wurden, um reinen Tisch zu machen, da ließen sich die Tage des weiland berühmten Brunnens zählen, da glaubte man, dass das durch Herrn von Heß so warm empfohlene Elbwasser der Stadtkunst das ganze natürliche Brunnen-Institut entbehrlich mache, da schlug man vor, den 60 Fuß tiefen Sood mit Sand zuzuschütten, – nachdem über den Tempelbau so gänzlich der Stab gebrochen war, dass man über ihn ein Wort verlor. Indessen erhob sich eine einflussreiche Stimme wenigstens teilweise gegen dies Verfahren, – und bei dieser Gelegenheit wurde die zwiefach veränderte Geschmacksrichtung seit der Ära des Dr. von Heß recht bemerklich. Gedachte einflussreiche Stimme nämlich nannte den damals gepriesenen Brunnentempel gradezu „ein ganz geschmackloses Machwerk", das jedenfalls fort müsse, erklärte dagegen das damals als widerlich salzig geschmähte Wasser für unvergleichlich schön und völlig sonder Beigeschmack! Da nun auch der zur Prüfung aufgeforderte Gesundheitsrat eben dies Gewässer – zwar seiner Härte wegen zum Waschen und Kochen untauglich, doch aber seiner vorzüglichen Reinheit wegen zum Trinken sehr brauchbar befand, so wurde die Erhaltung des Brunnens an alter Stätte in moderner gusseiserner Pumpenform beschlossen.

Noch heute befindet sich solch eine gusseiserne Pumpengestalt mit einer Gaslaterne als Kopfbedeckung auf dem großen Neumarkt, aber nicht mehr an der Stelle des alten Soods mit dem Brunnentempel, sondern auf einem Streifen zwischen den beiden aus der Wexstraße und vom alten Steinwege her auf den neuen Steinweg zugespitzten Fahrbahnen. Der alte Springquell ist von seiner Urstätte auf unterirdischem Wege hierhergeleitet. Sein reines Wasser soll gegenwärtig weder „widrig salzig" noch „völlig sonder Beigeschmack" sein, vielmehr in harter Qualität den gewöhnlichen Süßwasser-Charakter offenbaren.

Was noch sonst auf dem großen Neumarkte an denkwürdigen Ereignissen sich zugetragen hat, – wer kann das alles wissen? Wer kanns wieder erzählen? Aus der Masse der verschollenen Begebenheiten mögen hier nur diese berichtet werden.

Zunächst das eigentümliche, halböffentliche Fest, welches der hier akkreditierte Holländische Gesandte Matthias Romer zur Feier des Friedens seines Vaterlandes mit England i. J. 1667, in und vor seiner Wohnung an der Ecke des großen Neumarktes und des alten Steinweges am 8. September gedachten Jahres veranstaltete. Aus dem (in den Hamb. Gesch. u. Denkwürd. S. 214 mitgeteilten) Programm dieser Festivität mag hier nur der seltsame Friedensreigen erwähnt werden, den gegen Ende des Banquets Herr Romer und Sir William Swan, der Englische Gesandte, miteinander gar meisterlich aufführten, mit allerhand nachdenklichen Gebärden und symbolischen Attitüden, durch welche sie den Hergang der Sache, von den feindseligsten Gesten allmählich zu sanfteren Empfindungen und freundlicheren Annäherungen übergehend, mimisch zur Anschauung brachten, bis sie den Friedensschluss durch eine zärtliche Umarmung und einen schallenden Kuss außer Zweifel stellten, was sofort dem Publikum draußen auf dem Markt durch Trompetenfanfaren und dröhnende Salven der Schiffsböller kundgetan wurde, die aus den Fenstern des Vorsaals – ohne irgendeine Besorgnis wegen Brandgefahr – abgefeuert wurden. Sie waren das Signal für einen ferneren Akt des Festes: mitten auf dem großen Neumarkt war nämlich ein pyramidaler Turm von Teer- und Trantonnen aufgestapelt, der jetzt angezündet wurde und als prächtiges Freudenfeuer stundenlang zum unendlichen Jubel des Volks in den dunkeln Himmel des Herbstabends emporloderte. – Zu diesem Feste hatte übrigens der Senat ein ganzes Ohm Wein aus dem Ratskeller spendiert, was die Kämmerei etwas reichlich erachtete.

Sodann fand auf unserm Platz auch –154 Jahre später –
ein Akt der Feierlichkeiten des sog. Napoleontages (15.
August) statt, nämlich während der unglücklichen Jahre
der Franzosenherrschaft in Hamburg. Die ganze Feier
dieses kaiserlichen Geburtsfestes mag man in Mencks
synchronist. Handbuch der neuesten Zeitgeschichte (d.
h. v. 1806–1816) nachlesen, woselbst T. I. S. 369 und
II., 57 ausführliche Nachrichten zu finden sind. Hier sei
nur erwähnt, dass zur Erzielung einer künstlichen Volks-
freude, vor den Wachen des altstädtischen Pferdemarktes
und unseres großen Neumarktes Bühnen errichtet waren
zum Zweck der Ziehung einer noch nicht dagewesenen
L o t t e r i e   v o n   E s s w a r e n. Lose wurden von Poli-
zisten unter das zahlreich versammelte Volk (sozusagen
„in die Grabbel") geworfen, das von höheren Polizeibe-
amten gedrehte Glücksrad auf der Bühne gebar Gewinne
und Nieten; und geräucherte Schinken, 80 Ochsenbraten
à 8 Pfd., 40 Kalbsbraten à 6 Pfd., 80 Schweinsbraten, 40
Kalkuten, 40 Küken und 99 Bratwürste – allesamt frisch
und warm aus der Pfanne, – waren die Glücksgüter, welche
den Segen repräsentierten, den Napoleons 1. Geburt über
Hamburgs Bewohner ausströmte. – Diese merkwürdige
Lotterie fand am 15. August 1811 und 1812 statt, i. J. 1813
scheint die Napoleonsfeier unterblieben zu sein.

Zu erwähnen ist noch, dass der beste Schütz des bei
diesen Gelegenheiten veranstalteten Vogelschießens, welcher 1811 den Königsschuss für sich selbst tat und 1812
für den kleinen König von Rom den Vogel herunterschoss,
ein Angehöriger des großen Neumarkts war, nämlich der
Konditor Johann Daniel Tümler, der unmittelbar neben
dem kaiserlichen Werbhause wohnte.

Nun noch ein paar Erinnerungen an die manchen denkwürdigen Festzüge und E i n z u g s p r o z e s s i o n e n,
deren Weg hier über den großen Neumarkt führte. Es

mögen ihrer zwei genügen. Die erste derselben fand am 10. Juni 1682 statt, als der Kurfürst von Brandenburg, der Sieger von Ferbellin, welcher nebst Gemahlin und Hofstaat dem dänischen Könige in Itzehoe einen Besuch abgestattet, um „wegen politischer Affairen sich mündlich mit ihm zu *abouchiren*", auf seiner Heimreise nach Hamburg kam. Empfangen an der Grenze beim damaligen Rosenhofe durch drei Senatsmitglieder, 20 Kanonenschüsse und Cavallerie-Eskorte (aber ohne weißgekleidete Mädchen, die derzeit noch nicht Mode waren), kam der Gallazug durchs Altonaer Tor, über den neuen Steinweg, den großen Neumarkt usw. und ging bis zum Gänsemarkt, wo den hohen Gästen das Quartier bereitet war. Voran ritt der Hamburgische Stallmeister mit der Stadtreiterei. Ihm folgte ein Schwarm von kurfürstlichen Hofdienern, Trompetern und Paukenschlägern, prächtig gekleidet, auf reich geschmückten Pferden; dann ritten die Hofkavaliere, auch in Staatskleidern mit Silber und Gold überladen. Hieran folgten in vergoldeter, von 6 lichtgelben Rossen gezogener Karosse der Kurfürst und seine Gemahlin; eine lange Reihe von Chaisen und Kutschen, worin Minister, Hofdamen und sonstige Herrschaften saßen, machten den Beschuss. Das Publikum war natürlich zum Beschauen dieser ungewohnten Sehenswürdigkeiten sehr zahlreich versammelt und vier Kompanien unserer Garnison marschierten zu beiden Seiten des Festzuges. – Leider offenbarten die Gesichtszüge aller Beteiligten keinen sonderlichen Ausdruck schwungvoller Begeisterung oder freudiger Befriedigung. Es waren sogar alle Abstufungen einer unlustigen Stimmung bemerkbar, von bloßer stoischer Ernsthaftigkeit und Abwesenheit positiven Behagens bis zum entschiedenen Missbehagen und Verdruss. Aus dem natürlichsten Grunde von der Welt: denn es windete und regnete in unerträglicher Weise auf all' die Pracht und Herrlichkeit bis tief hinein in die güldenen Karossen!

Der zweite hier zu erwähnende festliche Einzug fand statt am 31. Mai 1814! Da war alles Sonnenschein, innerlich wie äußerlich. Er ist bekannt genug als freudenvollstes Ereignis der vaterstädtischen Geschichte, als Fest des Einzugs der Hamburgischen Bürgergarde und ihrer russischen Kampfgenossen unter Bennigsen in die von fremder Zwingherrschaft befreite Stadt. Das war ein nie endendes Jubeln und Frohlocken der freudig erregten Bevölkerung! Alle Fenster und Häuser am gedrängt gefüllten großen Neumarkt waren dicht besetzt von Vivat rufenden, Fahnen und Tücher schwenkenden Menschen, als der Zug vorüberwallte: voran, Blumen und Kränze tragend, die nunmehr zur vollen Geltung gekommenen, weißgekleideten Jungfrauen, in wahrhaft imposanter Menge, 300 an der Zahl, geführt den Vater Hanffts Schwester; dann unser tapferer Obristlieutenant Mettlerkamp an der Spitze der mutigen, unverzagten Bürger, die Haus und Hof, Weib und Kind verlassen hatten, um seit Jahr und Tag teilzunehmen an dem Kriege gegen Deutschlands Feind, um draußen im Felde für Hamburgs Unabhängigkeit zu kämpfen. Sodann der General usw. usw. Den Beschluss machten unsere patriotischen Zünfte und Gewerke im festlichen Aufzuge mit klingendem Spiel und fliegenden Fahnen.

Endlich ist noch zu bemerken, dass eine sehr saubere Handzeichnung des weiland bekannten hiesigen Kupferstechers Franz Nic. Roiffsen, der etwa von 1747 bis 1802 hier lebte und wirkte, unseren großen Neumarkt vor etwa 100 Jahren sehr gut darstellt. Von der Südseite aus erblickt man die Hauptwache nebst Zubehör, sowie die Häuserreihe von der Schlachterstraße bis zur Markusstraße, nebst der Nordseite mit dem hohen Dach des Sonnenberg'schen Hauses, bis zur Ecke des alten Steinweges. Den Vordergrund nimmt die Wachtparade und das Publikum ein. – Da der obengedachte Glockenturm sich noch auf diesem Bilde präsentiert, das Poenalgeschöpf löblicher Garnison aber bereits fehlt, so darf man die Entstehung der Zeichnung in die Jahre zwischen 1764 und 1782 legen. Vielleicht nach diesem (vormals in des Oberalten Röding Besitz gewesenen) Prospekt hat dann Herr Peter Suhr in seinem Werke „Hamburgs Vergangenheit in bildlichen Darstellungen", 1841 (Lieferung 3, No. 21) eine Darstellung der Hauptwache nebst Parademarsch vom Jahre 1800, mitgeteilt.

Was werden nun künftige Historiographen des großen Neumarktes, wenn abermals 2–300 Jahre vergangen sind, zu erzählen haben? Nach der Lehre, dass alles schon dagewesen, dass alles sich wiederhole, im Menschendasein wie im Leben des Staats, der Stadt, des Marktes, – müssten wir schließen dürfen, dass ebenfalls hier die alten Erscheinungen nochmals wieder auftreten werden, wofür ja auch die bevorstehende Errichtung eines Tempels der dramatischen Kunst an dieser Stätte der verschollenen Veltheimschen Theaterbude zu sprechen scheint! Dann würden also auch Werbhäuser, Paraden vor einer Hauptwache, Strafeselei löblicher Garnison, ja sogar idyllische Heimzüge singender Schnitter und Schnitterinnen hinter dem Turmtüter von St. Nicolai, möglicherweise selbst der ernsthafte Stadtbulle von 1563 mit der gesamten Kuhherde, vor den Augen unserer Nachkommen wieder erstehen können!

Doch solche nebelhafte Fernsichten mögen unerörtert bleiben; und somit werde denn dieser kleine skizzenhafte Beitrag zur topographischen Geschichte des großen Neumarkts mit dem aufrichtigen Wunsch beschlossen, dass alle seine künftigen Geschichtsschreiber nach Jahrzehnten oder Jahrhunderten nur solche interessante Dinge zu berichten haben mögen, aus deren Zusammenhang mit dem Ganzen zugleich das ungestörte Fortblühen und Gedeihen unserer werten Vaterstadt und die Bewährung jener Schlussworte eines alten Chronisten bezeugt wird:

„Gottes Segen allezeit mit der freien Reichsstadt Hamburg!"

Weitere Titel im Programm

Parseval, August von; Bedey, Björn
Graf Zeppelin und die deutsche Luftfahrt

SEVERUS Verlag Hamburg 2015
160 Seiten, 15,5 x 23 cm

34,90 € (HC)
978-3-95801-146-5

29,90 € (PB)
978-3-95801-147-2

Man nannte ihn einen Narr, einen Schwärmer: Ferdinand von Zeppelin, Erfinder des Starrluftschiffes, hatte am Anfang seiner Erfinderlaufbahn mit zahlreichen Hindernissen und Schwierigkeiten zu kämpfen, viele der ersten Zeppeline verunglückten und fanden nie ihr Ziel. Reich bebildert lesen wir hier seine Geschichte und die seiner berühmten Erfindung. Der Zeppelin ermöglichte militärisch und privat unbegrenztes Reisen rund um den Globus und bildete den Grundstein für die moderne Luftfahrtechnik. Mit dem Beginn des Zweiten Weltkrieges fand die Zeppelin-Ära ein jähes Ende, doch die Faszination für das Himmelsgefährt reißt bis heute nicht ab.

Bedey, Björn (Hrsg.)
**Ansichten des Hamburger Hafens
aus dem 20. Jahrhundert**
Mit Erläuterungen auf Deutsch und Englisch

SEVERUS Verlag Hamburg 2017
56 Seiten, 12 x 19 cm

26,90 € (HC)
978-3-95801-576-0

19,90 € (PB)
978-3-95801-577-7

Bilder sagen mehr als tausend Worte. Genau damit
trifft die historische Fotosammlung vom Hamburger
Hafen ins Schwarze.

Für die Hamburger nicht mehr wegzudenken, für
die Wirtschaft einer der größten Güterumschlags-
plätze, prägt der Hafen das Stadtbild der Hansestadt
seit mehr als 100 Jahren. Schiffbau und Hafenarbeit
treffen auf Kultur und Freizeitleben.

Mit zahlreichen Originalfotos aus dem 20. Jahrhundert werden verschiedenste Flecken des Hafens in
Szene gesetzt und in deutscher und englischer Sprache beschrieben. Eine gelungene Zusammenstellung
aus vergangenen Zeiten, die nicht nur tief verwurzelte
Hamburger in seinen Bann zieht.

Leseprobe

Hamburg (Deutschlands größter Hafen)

Die Freie- und Hansestadt Hamburg verdankt ihre Bedeutung und Weltgeltung dem Überseeverkehr. Der Hamburger Hafen ist bis heute der größte Seehafen Deutschlands und gehört zu den zwanzig größten Containerhafen weltweit.

Doch sein Charakter hat sich in den letzten 100 Jahren bedeutend verändert. Am 12. Juni 1871 wurde von der Hamburger Bürgerschaft beschlossen, 15 direkt an Hamburg gelegene Orte zu Vororten zu machen. In der Innenstadt wurde ein neues Hafengebiet geschaffen, das bis heute das Hamburger Stadtbild prägt. Alte Gebäude und Viertel wurden abgerissen und machten einer Einteilung in reine Wohn- und Gewerbegebiete Platz. 1885-1888 wurde die Speicherstadt gebaut. 1888 wurde der Freihafen gegründet, der ebenfalls ein wichtiger Faktor in der Entwicklung der Stadt war. Produkte konnten in der Freihafenzone weiterverarbeitet und wieder verschifft werden, ohne die Zollgrenze zu passieren. Erst 2013 wurde der Freihafen aufgelöst.

Im 19. Jahrhundert profitierte Hamburgs Wirtschaft vom Überseehandel und von dem Strom der Auswanderer nach Amerika. Die Dampfschifffahrt und natürlich der -bau boomten, besonders der Hamburg-Amerika-Linie (HAPAG), aber auch die Hamburg-Südamerikanische Dampfschifffahrts-

Gesellschaft, die Woermann- und Ostafrika-Linie sowie einer großen Zahl anderer Reedereien.

Auch im 20. Jahrhundert wurde der Hamburger Hafen immer weiter ausgebaut. 1909 entstanden die St. Pauli-Landungsbrücken, 1911 der (alte) Elbtunnel. Auch die Fleete wurden in dieser Zeit hergerichtet, wie wir sie noch kennen. Das Chilehaus wurde 1924 im typischen Klinkerstil des Baudirektors Fritz Schumachers gebaut, der bis heute das Stadtbild in der Innenstadt kennzeichnet.

Die Arbeit im Hafen ruht nie. Tag und Nacht ist dieser gewaltige Mechanismus in Betrieb. Und auch heute ist eine Rundfahrt durch den Hafen spannend und bieten einen umfassenden Einblick in das Riesengetriebe des größten deutschen Hafens.

Blick auf den Hafen
View of the harbor

Die Michaeliskirche aus der Vogelperspektive
Bird's-eye-view of St. Michael's

Aussicht vom Turm der Michaeliskirche
View from St. Michael's tower

Landesbildstelle Hansa Hamburg
Hamburger Gängeviertel
Historische Ansichten

SEVERUS Verlag Hamburg 2014
56 Seiten, 14,8 x 21 cm

26,90 € (HC)
978-3-86347-920-6

18,90 € (PB)
978-3-86347-920-6

Im Herzen der Stadt erhoben sich einst in voller Größe
Hamburgs einzigartige Gängeviertel. Heute sind nur
noch einzelne denkmalgeschützte Bauten erhalten. Sie
sind das Erbe einer Zeit, in der die Stadtplanung allein
praktisch orientiert war; Hygiene und soziale Aspekte
wurden der optimalen Flächennutzung unterstellt. So
entstand für die Hamburger Arbeiterklasse eine eigene
kleine Welt, die sich vom Hamburger Hafen bis in die
Innenstadt erstreckte.

Dieser Bildband mit 48 faszinierenden Fotografien
der 1930er Jahre dokumentiert die Gängeviertel der
Neustadt lebhaft in ihrem ganzen ehemaligen Ausmaß.

Leseprobe

Vorwort

Das Hamburger Gängeviertel: Heute Ausgangspunkt der modernen Künstler- und Kreativenbewegung der Hansestadt, stecken die eng bebauten Wohnquartiere in Hamburgs Alt- und Neustadt noch voller Geschichte.

Im Schutz der alten Wälle der Hansestadt befanden sich einst aus-gedehnte Kohlhöfe, Gärten und Landhäuser wohlhabender Bürger. Als sich der Mauergürtel zurzeit des Dreißigjährigen Krieges weitete, erwuchsen im Schutz des sicheren Walles die Gängeviertel. Anders als die meisten deutschen Städte erlebte Hamburg zu dieser Zeit weder Verheerungen noch wirtschaftliche Niedergänge größeren Ausmaßes, und so konnte sich dieser, noch bis ins 19. Jahrhundert, mittelalterlich kleinteilig strukturierte Teil der Neustadt weiter ausdehnen. In den eng bebauten Wohnquartieren lebten zumeist ärmere Bevölkerungsschich-ten und insbesondere die immer weiter wachsende Arbeiterschaft.

Schlechte hygienische Zustände gipfelten in der Choleraepidemie von 1892. Zudem machten sich bald mangelnde Investitionen in die Bausubstanz bemerkbar, die sich in dem schnellen Verfall der Fach-werkhäuser äußerten. Bereits zum Ende des 19. Jahrhunderts begann man damit, einzelne Gebäude abzureißen. Die gezielte Sanierung durch Abriss wurde seit 1934 geplant und zum Objekt der national-sozialistischen Propaganda.

Die hier gesammelten Aufnahmen wurden im selben Jahr vom Staatlichen Lichtbildamt angefertigt und dem Zweck verpflichtet, der Geburtsstätte des „Deutschen Arbeiters" zu gedenken. Die zahlrei-chen ehemaligen Bewohner sollten damit über den Verlust ihrer alten Heimat hinweggetröstet werden. Die ohnehin fällige Sanierung des Wohngebiets wurde als Befreiung aus der Enge und als Gegenleis-tung für die „Leistungen des deutschen Arbeiters" dargestellt.

Nachdem das letzte größere Gängeviertel zugunsten des Baus der U-Bahnlinie und der Errichtung mehrerer großer Verwaltungsgebäude Ende der 1960er Jahre zerstört wurde, sind heute nur noch wenige ver-einzelte Bauten erhalten. Seit September 2013 wird das Gängeviertel aufwändig saniert als Reaktion auf das Verlangen vieler Hamburger Bürger und vor allem der Hamburger Initiative „Komm in die Gänge" (gegr. 2009).

Tim Feind
SEVERUS Verlag

Willi Beutler. Hof Schulgang Nr. 8

Willi Beutler. „Kornträgergang".

Carl Schreiber. „Kornträgergang" Gang im Schatten.

Willi Beutler. Blick auf das Schulgangviertel.